INHALT

Erstveröffentlichung bei:
Forlaget Carlsen, Copenhagen
Titel der dänischen
Originalausgabe:
Yndlings-Retter i Beverly Hills.

Lizenzausgabe mit freundlicher
Genehmigung
Agentur für Urhebernebenrechte
GmbH
Merchandising München KG
Kardinal-Faulhaber-Straße 15,
80333 München

Die Deutsche Bibliothek –
CIP-Einheitsaufnahme
Coole Drinks und heisse Snacks : Kochen mit den Stars aus „Beverly Hills, 90210" / Adele R. Einhorn und John Bach-Sørensen. Fotos von Jacob Termansen. Aus dem Dän. von Ebba D. Drolshagen. – 1. Aufl. – Köln : vgs, 1993
(Beverly Hills, 90210)
Einheitssacht.: Yndlings-retter i Beverly Hills < dt. >
ISBN 3-8025-2272-9
NE: Einhorn, Adele R.; Termansen, Jacob

1. Auflage

Lektorat: Christina Deniz
Layout: Karen Lykke
Satz: ICS Communikations-Service GmbH
Druck: Graphischer Großbetrieb Pössneck
Printed in Germany
ISBN 3-8025-2272-9

Adele R. Einhorn und
John Bach-Sørensen

Fotos von
Jacob Termansen

Aus dem Dänischen
von
Ebba D. Drolshagen

COOLE DRINKS UND HEISSE SNACKS

Kochen mit den Stars aus „Beverly Hills, 90210"

vgs

DYLAN

Dylan hat ein schlechtes Gewissen, denn es ist schon eine Weile her, seit er mit Brenda ein gemeinsames Wochenende verbracht hat. Statt dessen war er zum Geburtstag seiner Mutter in Mexico City und hat am Baja gesurft. Brenda ist daheim geblieben und hat Kelly getröstet, die schon wieder einmal Pech in der Liebe hatte. Aber jetzt steht das Wochenende vor der Tür, und Dylan hat Bren zu einem romantischen Abendessen zu zweit eingeladen.

DYLANS HONEY CHICKEN DIJONAISE

Das brauchst du:

1 Poularde,
in vier Teile geschnitten
½ Tasse Senf
(am besten eine Mischung
aus Dijonsenf und Senf
mit grünem Pfeffer)
3 EL Honig
½ Tasse Crème fraîche
¼ Tasse Wasser

Wichtig:

Die Mengenangabe „Tasse" bezieht sich auf eine Füllmenge von knapp ¼ Liter.

So wird's gemacht:

Senf und Honig mischen und die Hähnchenteile darin wenden. Die Hähnchenteile in eine feuerfeste Form legen, mit Alufolie bedecken und eine Stunde lang durchziehen lassen. Backofen auf 180° vorheizen. Das Wasser in die Form gießen – neben die Hähnchenstücke, nicht darüber. Im Backofen etwa 40–50 Min. schmoren lassen.

Tip: Das Fleisch mit einer Gabel anstechen. Das Hähnchen ist fertig, wenn klare Flüssigkeit herausläuft.

Die Senf-Honigmischung von den Hähnchenteilen schaben, das Fleisch in eine Schüssel legen und zugedeckt warm halten. Für die Soße den Bratensatz aufkochen und Crème fraîche einrühren. Hitze reduzieren und die Soße 15 Min. leicht köcheln lassen. Mit Salz und Pfeffer abschmecken. Anschließend das Hähnchen auf einer Platte anrichten, und die warme Soße darübergießen.

Dazu paßt Reis und gedünstetes Gemüse, zum Beispiel Karotten oder Broccoli.

KELLY

Kelly hat die Clique zu einer ihrer berühmten Pool-Partys eingeladen. An der West Beverly High gab es in den letzten Tagen kaum ein anderes Thema. Steve hat versprochen, als Barkeeper tätig zu werden – und versichert, daß es nur alkoholfreie Drinks geben wird.

KELLYS POOL PARTY

FANCY FINGER FOOD

Alle Rezepte
für 8 Personen

Das brauchst du:

24 große Champignons, geputzt und ohne Stiele
24 dünne Scheiben Salami, am besten Pfeffersalami. Die Wurst sollte einen Durchmesser von etwa 3 cm haben.
1½ Tassen geriebenen Käse

So wird's gemacht:

Die Wurstscheiben aufrollen und in die Champignons stecken. Die Pilze in eine gefettete, feuerfeste Form legen und den Käse darüber streuen.
Den Backofen auf 180° vorheizen und die Champignons etwa 8–10 Min. goldgelb überbacken.

PIGS IN BLANKETS

Das brauchst du:

24 Cocktail-Würstchen
1 Packung Tiefkühl-Blätterteig

So wird's gemacht:

Die Tischplatte mit ein wenig Mehl bestäuben und den Teig nach den Angaben auf der Packung gleichmäßig darauf ausrollen. Die Teigplatte in 24 kleine Dreiecke schneiden. Die Würstchen in je ein Teigstück einrollen und in eine feuerfeste Form legen. Den Backofen auf 200° vorheizen und die Röllchen etwa 12–15 Min. goldgelb backen.

Mit Senf oder Ketchup servieren.

KELLYS POOL PARTY

MUCHOS NACHOS

Das brauchst du:

- 1 Tüte Tortilla Chips
- 1 Glas Chili-Sauce oder Mexican Ketchup
- 2 Tassen geriebenen Käse

So wird's gemacht:

Die Chips in einer feuerfesten Form verteilen, etwas Chili-Sauce bzw. Mexican Ketchup darübergießen und mit dem geriebenen Käse bestreuen. Im Backofen bei 180° etwa 5–10 Min. überbacken, bis der Käse schmilzt.

Wenn du zu den Muchos Nachos einen Dip servieren möchtest, paßt Crème fraîche gut.

GUACAMOLE (AVOCADO DIP)

Das brauchst du:

- 2 reife Avocados, mit der Gabel zerdrückt
- 2 EL Crème fraîche
- 3 EL Chili-Sauce oder Mexican Ketchup

So wird's gemacht:

Alle Zutaten gut vermischen und mit Salz und Pfeffer abschmecken. Dazu Tortilla Chips.

KELLYS DRINKS

BEACH BLANKET BINGO

1 Teil roter Johannisbeersaft und 5 Teile Apfelsaft mischen. Nach Geschmack mit Soda aufgießen und mit gestoßenem Eis und einer Zitronenscheibe servieren.

CREAMY CREAM

1 Tasse Orangensaft mit 4 EL Vanille-Eis mischen.

FUZZY LEMON FIZZ

½ Tasse Pfirsichnektar und eine Tasse Bitter Lemon mischen und mit Eiswürfeln servieren.

CALIFORNIAN SMOOTHIE

1 kleine Banane, 8 Erdbeeren, 1 Tasse Milch und eine ½ Tasse gestoßenes Eis im Mixer mischen. In einem hohen Glas servieren, mit einer Erdbeere dekorieren.

FRUIT SMOOTHIE

1 Tasse Orangensaft, 1 kleine Banane, ½ Tasse Erdbeeren sowie Himbeeren und Blaubeeren im Mixer mischen. Mit einer Orangenscheibe servieren.

VIRGIN MARY

1 Glas Tomatensaft, ½ TL Worcestershire-Sauce, 1 Tropfen Tabasco mit Salz und Pfeffer gut mischen. In einem Longdrink-Glas mit Staudensellerie und einer Gurkenscheibe garniert servieren.

PAC-MAN

Je 1 TL Zitronensaft und Grenadinesirup mit Ginger Ale und Eiswürfeln mischen.

NOT-TA-KILL-YA

Den Saft einer halben Zitrone oder Limette mit der gleichen Menge Ananas-Sirup vermischen und mit Soda auffüllen. Mit Eiswürfeln und einer Zitronenscheibe servieren. Auch ein paar Ananasstückchen passen gut.

CHOCOLATE CHIP COOKIES MILKSHAKE

4 Teile Vanille-Eis und 1 Teil Milch mit einem Chocolate Chip Cookie im Mixer zu einem schaumigen Milchshake verquirlen. (Das Rezept für Chocolate Chip Cookies steht auf Seite 18.)

1: Virgin Mary, 2: Not-Ta-Kill-Ya, 3: Californian Smoothie, 4: Pac-Man, 5: Fuzzy Lemon Fizz, 6: Creamy Cream, 7: Beach Blanket Bingo.

AMERICAN CHOCOLATE CHIP COOKIES

Das brauchst du:

- 225 g Butter
- ¾ Tasse weißer Zucker
- ¾ Tasse brauner Zucker
- 2 TL Vanillezucker
- 2 Eier
- 2 Tassen Mehl
- 1 Tasse Haferflocken
- ½ TL Salz
- 1 TL Backpulver
- 1 Tasse gehackte Schokoladenstückchen

So wird's gemacht:

Die Butter mit dem weißen, braunen und dem Vanillezucker verkneten. Die beiden Eier vorsichtig untermischen, am besten mit den Händen. Mehl und Haferflocken dazugeben, die du zuvor in einem Mixer fein gemahlen hast. Dann Salz, Backpulver und die Schoko-Stückchen hinzufügen. Alles gut vermischen. Den Teig zu einer langen Rolle formen und in gleichmäßig große Stückchen schneiden. Jedes Stück zu einer Kugel rollen, auf ein eingefettetes Backblech setzen und mit der Hand flachdrücken. Im vorgeheizten Backofen bei 190° etwa 8–10 Min. lang backen.

PEANUT BUTTER COOKIES

Das brauchst du:

- 225 g Butter
- 1 TL Vanillezucker
- 1 Tasse weißer Zucker
- 1 Tasse brauner Zucker
- 2 Eier
- 1 Glas (350 g) Erdnußbutter
- 3 Tassen Mehl
- ½ TL Salz
- 2 TL Backpulver

So wird's gemacht:

Die Butter mit dem weißen, braunen und dem Vanillezucker verkneten, Eier hinzufügen, alles gut vermischen. Salz, Mehl und Backpulver – in dieser Reihenfolge – dazugeben, alles gut verkneten. Wenn der Teig zu klebrig ist, kannst du noch ein wenig Mehl dazugeben.
Den Teig zu einer langen Rolle formen und in gleichmäßig große Scheiben schneiden. Jedes Stück zu einer Kugel rollen und auf ein gefettetes Backblech legen. Jetzt drückt man jedes Plätzchen mit der Rückseite einer Gabel etwas flach. Im Backofen bei 190° etwa 8–12 Min. backen.

BRANDON

Jim und Cindy Walsh sind nach Minneapolis gefahren, um alte Freunde zu besuchen. Endlich haben die Zwillinge wieder mal eine sturmfreie Bude! Und Brenda hat ihren Bruder sogar dazu überreden können, Kelly, Donna, Andrea, Steve, David und Dylan zu einer riesigen Burger-Party einzuladen. Jetzt kann Brandon zeigen, was er im „Peach Pit“ bei Nat gelernt hat.

BRANDONS BEST BURGERS

BASIC BURGER

Das brauchst du:

- 1 Handvoll mageres Rinderhackfleisch (etwa 180 g)
- 1 großes Sesambrötchen
- Salz und Pfeffer
- 1 EL Öl
- 1 große Tomate
- 2 Salatblätter
- Ketchup
- Mayonnaise

So wird's gemacht:

Hackfleisch mit Salz und Pfeffer würzen und zu einer Frikadelle formen. In der Pfanne auf jeder Seite etwa 3 Min. braun braten. (Das Öl muß sehr heiß sein!) Brötchen halbieren und auf einem Toaster ganz leicht anrösten. Der Hamburger schmeckt am besten (und weicht nicht durch), wenn ihr ihn folgendermaßen belegt: untere Brötchenhälfte, Salatblatt, Tomatenscheibe, Ketchup, Mayonnaise, Frikadelle, Ketchup, Mayonnaise, Tomatenscheibe, Salatblatt, obere Brötchenhälfte. Wer mag, kann auch ein paar Zwiebelringe und/oder einige Essiggurken-Scheiben dazwischen legen.

BACON BURGER

Der Bacon Burger wird genauso zubereitet, aber auf das Rindfleisch legst du noch eine große Scheibe kroß gebratenen Frühstücksspeck. Schmeckt echt knusper!

CALIFORNIAN BURGER

Wird wie der Bacon Burger gemacht, aber auf den Frühstücksspeck legst du noch eine Scheibe Käse.

TEX-MEX-BURGER

Du machst einen normalen Hamburger und servierst ihn mit Chili-Sauce oder Mexican Ketchup und Guacamole.

Zu einem amerikanischen Hamburger gehören immer Pommes Frites.

01.02.95
18920905
HEINZ
TOMATO
KETCHUP
HEINZ
EST'D 1869

DONNA

Kelly, Brenda und Donna haben eine ausgiebige Shopping-Tour durch Beverly Hills gemacht. Brenda hat sich Dessous mit weißer Hohlsaumborte geleistet, Kelly hat ein paar Jeans in grellem Pink gekauft, und Donna hat einen neuen Badeanzug erstanden, den sie zu Kellys Pool-Party tragen will. Wenn sie bis dahin aber nicht ein, zwei Kilo abnimmt, wird er ihr nicht passen! Anstatt also in ein Restaurant zu gehen, hat Donna ihre beiden Freundinnen zu sich nach Hause eingeladen, zu einem richtig gesunden, aber köstlichen Salat.

DONNAS CALIFORNIAN SALAD

Das brauchst du:

- ½ Kopf Eisbergsalat
- ½ Kopf Romana- oder Friséesalat
- 1 Packung Croutons
- 6 Champignons, in Scheiben geschnitten
- 1 grüne Paprikaschote, in kleine Würfel geschnitten
- 12 Cocktailtomaten, halbiert
- 3 grob geriebene Karotten
- 1 Tasse Sojabohnensprossen
- 1 Tasse Vinaigrette-Salat-Dressing

So wird's gemacht:

Die Blattsalate waschen und gut trocken schütteln. In mundgerechte Stücke rupfen und in eine große Salatschüssel legen. Champignons, Paprikawürfel, Tomaten, Karotten und Sojabohnensprossen dazugeben. Das Ganze vorsichtig mischen, mit Croutons bestreuen und mit der Salatsoße übergießen.

Croutons sind vielseitig verwendbar, zum Beispiel als Suppeneinlage, zum Überbakken oder als Snack. Man kann sie auch selbst machen. Dazu schneidet man Weißbrot in Scheiben und die Scheiben in Würfel von ein bis zwei Zentimeter Kantenlänge. Die Würfel in eine feuerfeste Form legen, mit zerlassener Butter begießen und mit feingehackter Petersilie und Knoblauchsalz bestreuen. Im Ofen bei 180° backen, bis sie goldgelb und kroß sind.

VINAIGRETTE-SALAT-DRESSING

Das brauchst du:

- ⅓ Tasse Rotweinessig
- 3 EL Dijonsenf
- 2 EL Honig
- ⅔ Tasse Olivenöl

So wird's gemacht:

Essig und Senf sehr gut miteinander verrühren – das geht am besten im Mixer. Danach Honig und Olivenöl einrühren und zum Schluß mit Salz und Pfeffer abschmecken.

STEVE

Steve weiß natürlich sehr gut, daß es zwischen Kelly und ihm aus ist. Aber das kann er nur schwer akzeptieren. Schließlich hatte sie damals beim Schulfest selbst gesagt, daß sie ihn in ihrem tiefsten Inneren noch immer liebt. Steve will es jedenfalls noch einmal versuchen und hat beschlossen, Kelly zu einem romantischen Dinner bei Kerzenlicht einzuladen.

STEVES BEVERLY HILLS BEEFY BURRITO

Das brauchst du:

Für die Tortillas *(Maismehlpfannkuchen):*

7 Eier
100 g Weizenmehl
75 g Butter
3 EL Maismehl, Salz

Für die Füllung:

500 g mageres Rinderhackfleisch
1 TL Butter, 1 EL Öl,
1 mittelgroße Zwiebel, gehackt
1 TL gehackte Chilis
3 Tomaten, in Scheiben geschnitten, 1 gehackte Knoblauchzehe oder 1 TL Knoblauchsalz
2 Tassen geriebenen Käse

So wird's gemacht:

Die Eier in einer Schüssel mit etwas kaltem Wasser verrühren, erst das gesiebte Weizenmehl, dann das Maismehl und eine Prise Salz dazugeben und zu einem Pfannkuchenteig rühren. In einer kleinen Pfanne etwas Butter zerlassen, aus jeweils einem Eßlöffel Teig die Pfannkuchen von beiden Seiten backen.
Für die Füllung in einer nicht zu heißen Pfanne Butter und Öl erhitzen, die Zwiebel goldbraun dünsten, dann Fleisch, Knoblauch und Chili dazugeben. Das Ganze bei kleiner Hitze braten, bis das Fleisch braun ist. Salzen und pfeffern.
Jetzt kannst du deine Tortillas anrichten: In die Mitte der Pfannkuchen häufst du etwas Fleisch, darauf kommt eine Tomatenscheibe und etwas geriebener Käse. Falte die Tortillas zusammen, bestreue sie mit dem restlichen Käse und überbacke sie 8–10 Min. im vorgeheizten Ofen bei 180°. Die Tortillas werden mit Chili-Sauce oder Mexican Ketchup, Guacamole und Crème fraîche serviert.

QUESADILLE

Statt Rindfleisch nimmst du Hühnchen- oder Putenfleisch, es muß nur möglichst gut zerkleinert werden.

So faltest du eine Tortilla:

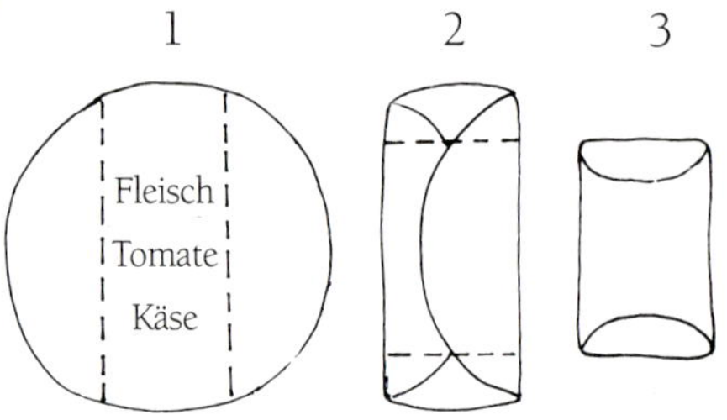

ANDREA

Andrea und Brandon haben in der Redaktion des *Beverly Blaze* furchtbar viel zu tun. Der Termin für die Abgabe ihres Artikels rückt immer näher – und muß unbedingt eingehalten werden! Aber die beiden Jung-Journalisten müssen schließlich auch etwas essen, und darum macht Andrea für sich und Brandon ein paar ihrer Spezial-Sandwiches.

ANDREAS TASTY TUNA SANDWICH

Das brauchst du:

- 1 Dose Thunfisch, naturell (ohne Öl)
- 2 Karotten, in dünne Scheiben geschnitten
- 1 Stangensellerie, in dünne Scheiben geschnitten
- 12 Weintrauben, geviertelt und entkernt
- 2 EL gehackte Petersilie
- 1 EL Mayonnaise
- 3 EL Joghurt natur
- Saft einer ¼ Zitrone
- Salz und Pfeffer

So wird's gemacht:

Den Thunfisch in einem Sieb gut abtropfen lassen, in eine Schüssel geben und mit einer Gabel zerdrücken. Karotten, Stangensellerie, Weintrauben, Petersilie, Mayonnaise und Joghurt vorsichtig untermischen. Die Mischung auf eine dünne Scheibe Graubrot streichen, in ein Stück Fladenbrot oder eine Pita-Tasche stecken. Das Sandwich etwa 5 Min. bei 200° im vorgeheizten Ofen backen.

Wenn du Käse magst, kannst du das Sandwich vor dem Überbacken mit geriebenem Käse bestreuen. Dann hast du eine TUNA MELT.

Dazu paßt grüner Salat.

DAVID

Endlich hat David es geschafft, die ganze Beverly-Hills-Clique zu sich nach Hause zu locken, damit sie seine phantastische, hausgemachte Pizza probiert. Den ganzen Tag war David mit Vorbereitungen beschäftigt und hofft natürlich, daß vor allem bei Donna die Liebe durch den Magen geht . . .

DAVIDS PERFECT PIZZA

Das brauchst du:

Für den Pizzateig *(vier Personen):*
30 g frische Hefe
1½ bis 2 Tassen lauwarmes Wasser
600 g helles Weizenmehl
1–2 EL Olivenöl zum Ausfetten

Für den Belag:
1 große Dose geschälte Tomaten, gut abgetropft und kleingeschnitten
4–5 Tassen geriebenen Käse, besonders lecker ist eine Mischung aus Mozzarella/Cheddar und Parmesan
Was du sonst noch auf deine Pizza legst, hängt ganz von deinem persönlichen Geschmack ab. David variiert mit Zwiebelringen, Paprika, gekochtem Schinken, Pepperoni, Anchovis, Thunfisch, Krabben, Ananas, Oliven, frischen Champignons, Ananas oder Knoblauch . . .

So wird's gemacht:

Die Hefe zerbröckeln, in 5 EL lauwarmem Wasser auflösen und mit etwa 100 g Mehl verrühren. Diesen Vorteig etwa ½ Stunde bei Zimmertemperatur ruhen lassen. Das restliche Mehl auf eine Arbeitsfläche sieben, in die Mitte eine Mulde drücken und den Vorteig hineingeben. Alles verkneten und dabei nach und nach so viel lauwarmes Wasser hinzufügen, bis ein fester, aber geschmeidiger Teig entsteht. 10 Min. weiterkneten. Teig in eine Schüssel legen und mit einem sauberen Geschirrtuch zugedeckt 1½ bis 2 Stunden an einem warmen Ort gehen lassen. Er sollte vor der Weiterverarbeitung etwa die doppelte Größe haben.

Man kann den Teig auch zwei Tage vorher zubereiten, muß ihn dann aber im Kühlschrank aufbewahren. Im Tiefkühlfach hält er sich sogar bis zu 2 Monaten.

Das Backblech mit etwas Öl bestreichen. Den Teig nochmals durchkneten und in 4 Portionen teilen. Jedes Stück mit der Handfläche zu einem runden Fladen flachdrücken und aufs Backblech legen. Erst kurz vor dem Backen (sonst weicht der Teig durch) die Tomaten auf die Pizzaböden verteilen, dabei die Teigränder freilassen. Dann kommt der Belag und zum Schluß der Käse auf die Pizza. Das Ganze bei höchster Temperatur etwa 20 bis 25 Min. backen, bis der Käse goldgelb geschmolzen ist.

BRENDA

Brenda hat ihre Mom zum Friseur geschickt und ihr vorgeschlagen, danach einen Einkaufsbummel auf dem Rodeo Drive zu machen. Als Überraschung hat sie geplant, in der Zwischenzeit das Abendessen für die Familie vorzubereiten.

BRENDAS PASTA PRIMAVERA

(Kann kalt oder warm serviert werden)

Das brauchst du:

- Etwa 500 g Broccoli
- 1 Zucchini, längs halbiert und in kleine Stücke geschnitten
- 1 rote Paprikaschote, gewürfelt
- 2 EL gehackte Petersilie
- ½ Tasse geriebenen Parmesan
- 1 Tasse Vinaigrette-Salat-Dressing (siehe Seite 26)
- 25 g Butter
- 2 EL Olivenöl
- 1 Packung Hörnchennudeln

So wird's gemacht:

Den Broccoli in einzelne Röschen zerteilen (vorher die Strünke entfernen). In einem Topf Wasser kurz aufkochen lassen und danach alle Gemüse etwa 1 Min. dämpfen. Wasser abgießen. Wenn der Salat kalt serviert werden soll, Gemüse mit kaltem Wasser abschrecken und auf einem Stück Küchenkrepp trocknen lassen.

Die Nudeln in einem großen Topf kochendem Salzwasser nach Packungsanweisung kochen. Wenn der Salat kalt serviert werden soll, Nudeln mit kaltem Wasser abschrecken und auf einem Stück Küchenkrepp trocknen lassen.

Jetzt vermischst du alle Zutaten für die Pasta Primavera – ob kalt oder warm serviert – mit dem Vinaigrette-Salat-Dressing. Dazu paßt Baguette, am besten Roggen-Baguette.

BRENDAS MOUSSE AU CHOCOLAT

Das brauchst du:

125 g Zartbitter-Schokolade
½ l süße Sahne

So wird's gemacht:

Die Schokolade in Stücke schneiden und im Wasserbad schmelzen.

Wasserbad: Wasser in einem Topf erhitzen. Die Schokolade in einen kleineren Topf geben, den du in den größeren setzt. Nach und nach schmilzt die Schokolade. WICHTIG: Das Wasser darf NICHT kochen!

Sahne steifschlagen – aber nicht zu lange, sonst wird sie zu Butter! Die Schokolade vorsichtig unter die geschlagene Sahne heben. Die Mousse in Dessertschalen füllen und vor dem Servieren etwa 2 Stunden kühl stellen. Mit flüssiger oder geschlagener Sahne servieren.